W0344981

Oriyou et le pêcheur
et autres contes de la Caraïbe

© 1999, l'école des loisirs, Paris
Loi n° 49.956 du 16 juillet 1949 sur les publications destinées à la jeunesse : septembre 1999
Dépôt légal : janvier 2009
Imprimé en France par CPI-Hérissey à Évreux
N° d'impression : 110437
ISBN 978-2-211-05333-4

C
GAY
O

Oriyou et le pêcheur

et autres contes de la Caraïbe

choisis et traduits du créole et de l'anglais
par Praline Gay-Para
Illustrations de Chen Jiang Hong

CB 600
inv. 010270

COLLEGE G. CLEMENCEAU
C.D.I.
69007 LYON

Neuf
l'école des loisirs
11, rue de Sèvres, Paris 6e

Ce qui fait que je suis moi-même et pas un autre, c'est que je suis à la lisière de deux pays, de deux ou trois langues, de plusieurs traditions culturelles. C'est cela mon identité.

Amin Maalouf,
Les Identités meurtrières

Dans ces contes j'entends les voix aimées de ceux qui m'ont tant et tant dit :

Alex qui m'a initiée en douceur au créole et à sa poésie,
Man Georgette qui m'a décliné les vertus des plantes et des fruits,
Mimi Bathélemy, la canne à sucre qui résiste au climat de Paris,
Ken Mac Dowall qui raconte Saint-Vincent, Bermuda, Trinidad et Miami,
Elie Pennont qui scande ses histoires comme un prédicateur des États-Unis,
Joby Bernabé qui rocaille la langue créole en chantant la vie,
Grace Hallworth qui mêle des contes d'Afrique, d'Irlande, d'Écosse et des Antilles,
Et beaucoup d'autres que j'oublie…

Praline Gay-Para

Introduction

Un jour tous les continents se sont réunis, ils se sont tant aimés, ils se sont tant haïs, qu'ils ont donné naissance à un dernier petit, un continent en collier qu'on appelle les Antilles.

La Muma de la rivière
Jamaïque

Très tôt le matin, quand personne n'est encore levé, la Muma de la rivière, la Mère de la rivière, sort de l'eau, s'assied sur un rocher et se met à chanter des chants doux et tristes à la fois.

Un jour, un jeune homme qui revient de la chasse entend son chant. Sans savoir pourquoi, il est attiré vers la rivière et, là, il voit une femme d'une beauté immense, assise sur un rocher, en train de peigner ses longs cheveux noirs. Elle tient à la main un peigne incrusté de perles et de pierres précieuses.

– Muma de la rivière ! Que tu es belle ! s'écrie le jeune homme.

Surprise, elle laisse tomber son peigne et plonge dans la rivière. Le jeune homme le ramasse, rentre chez lui et le met sous son oreiller. Il n'en dit mot à personne.

Cette même nuit, il rêve de la Muma de la rivière. Elle lui demande de lui rendre son peigne.

Le lendemain, à son réveil, il le cherche et regarde les pierres étincelantes. Il songe à tous les cadeaux qu'il pourra offrir à sa femme avec l'argent qu'il peut rapporter et il le remet sous l'oreiller. Il ne dit rien à sa femme. La nuit, à peine prend-il sommeil, qu'il rêve de la Muma de la rivière. Cette fois, elle chante d'une voix triste et bouleversante. Il se jure de rendre le peigne !

Quand le jour se lève, il se rend à la rivière et, chemin faisant, il rencontre sa vieille mère qui est veuve. Il pense qu'il est son seul soutien et que s'il lui arrive malheur un jour, elle pourrait craindre le pire... Il rebrousse chemin. Une infime partie de l'argent qu'il peut obtenir en vendant le peigne peut suffire aux besoins de sa mère jusqu'à sa mort : « La Muma de la rivière n'a pas besoin d'or et de pierreries et puis, dans la rivière, il y a assez d'or pour fabriquer tous les peignes qu'elle voudra ! » Il décide de trouver un acheteur qui lui en donnera un bon prix.

Ce jour-là, le jeune homme ne va pas chasser, il reste allongé et pense à ce que la Muma de la rivière pourrait lui faire ; elle pourrait lui jeter un sort, juste avec un chant, et l'entraîner au fond de l'eau pour le noyer. Quand un homme la vexe, elle peut aussi le suivre partout où il va, il ne peut alors ni manger, ni dormir et peut même devenir complètement fou. On dit aussi que quand un homme trouve son peigne, elle peut lui révéler le moyen de devenir riche !

Mais cette nuit, il a peur d'aller dormir ; peur de ce qu'il va voir et entendre dans ses rêves. Il a tout de même fini par s'assoupir et la Muma de la rivière s'est mise à chanter. Son chant est si angoissé qu'il réveille le jeune homme. Il se lève et se glisse en silence dehors, pour ne pas réveiller sa femme. Il se dirige vers la rivière et quand il en est proche, il entend la Muma chanter. Il en tremble ; c'est le même chant que dans le rêve. Il veut s'enfuir loin de la rivière, loin du chant, loin de la Muma mais il n'y parvient pas. Il court vers elle en criant :

– J'arrive, Muma de la rivière, je viens te rendre le peigne !

Il lance le peigne très loin vers la rivière et entend le bruit qu'il fait quand il touche la surface de l'eau. Quand les ondulations s'apaisent, le chant se tait et tout devient silence.

Le jeune homme rentre chez lui.

La nuit s'écoule doucement et, au petit jour, il va à la chasse. Au pied du rocher sur lequel il avait vu la Muma de la rivière pour la première fois, un tas de pièces d'or brille au soleil. Il les ramasse et les met dans sa gibecière.

Le soir, de retour chez lui, il raconte toute l'histoire à sa femme et ajoute :

– Si tu en parles à qui que ce soit, nous perdrons tout !

Jusqu'à présent, nul ne sait comment ils ont fait pour devenir aussi riches !

The River Muma,
in Grace Hallworth, *Mermaids & Monsters,*
Mammoth Collection, Londres, 1997.

Le fils du bélier

Martinique

Messieurs et dames, une brebis était enceinte. Au bout de huit mois et trente jours, elle mit au monde une petite femelle. À la deuxième portée, elle fit un petit mâle. Son père le tua.

À la troisième portée, elle eut un autre petit mâle. Le bélier le tua, lui aussi. À toutes les portées suivantes, la brebis ne mit au monde que des mâles. Leur père les tua tous. La brebis accoucha de 378 enfants mâles. Leur père les tua tous. Elle ne put garder que son premier enfant qui était une femelle qu'on appelait Carmen.

Au 379e enfant, la mère se rebiffa et dit au bélier :

– J'en ai assez de te voir tuer tous mes enfants mâles. Je te quitte !

Alors, chacun s'en alla de son côté. Le bélier demeura à la Savane-Malheur et la brebis partit s'installer à la Savane-Heureuse. Un beau jour, elle mit bas et fit encore un petit mâle. Elle lui dit :

– Mon fils, heureusement que j'ai quitté ton père parce que s'il était toujours là, il t'aurait tué sur-le-champ !

Alors le petit bélier but, mangea et grandit. Un jour, il dit à sa mère :

– Maman, je dois bien avoir un père ?

Sa mère lui répondit :

– Oui, mon nègre, tu as un père, mais si tu le crois, tu perdras la vie.

Le petit bélier dit :

– Maman, j'ai envie de connaître mon père !

– Non, dit-elle, car il te tuera !

Le jeune bélier grandit encore. Il harcelait sans répit sa mère, lui disant qu'il voulait connaître son père, tant et si bien qu'un beau jour, elle lui dit :

– Mon fils, avant de te faire connaître ton père, il faut que je puisse juger de ta force.

Elle l'emmena au pied d'un courbaril[1] si gros que le gouvernement n'avait pas engagé moins de cent vingt bûcherons pour l'abattre. Le tronc était si large qu'aucun des bûcherons qui s'y attaquèrent ne put entendre les coups de hache des autres.

Lorsque la mère du petit bélier eut emmené son fils sous ce grand arbre, elle lui dit :

– C'est ici que nous allons pouvoir jauger ta force.

Le petit bélier se raidit, prit son élan et

1. Arbre tropical dont le bois très dur est utilisé en ébénisterie.

frappa le courbaril d'un tel coup de tête que toutes ses branches prirent leur envol.

Alors, la mère du petit bélier vit que toutes les branches du courbaril étaient brisées, que tous les nids de merles s'étaient envolés, mais que l'arbre n'avait pas bougé, son tronc ayant à peine oscillé. Elle lui dit :

– Mon fils, tu n'es pas encore prêt à affronter ton père. Il faut d'abord que tu te fortifies. Nous verrons ce qu'il y a lieu de faire lorsque tu auras mangé au moins une tonne d'avoine, une tonne de riz et une tonne de maïs !

La mère acheta tout cela et le petit bélier mangea, mangea. Il se fortifia et grandit. Un jour, il dit à sa mère :

– Maman, j'ai bien mangé. J'ai grandi et je veux connaître mon père !

Ils se mirent alors en route, lui, sa sœur aînée et sa mère. La mère et la sœur pleuraient. Elles chantaient tout en pleurant :

Carmen, Carmen !
Je n'ai qu'un petit frère.
Nous partons, Carmen !
Mon père va le tuer !
Mon père va le manger !
Carmen, Carmen...

Ils marchèrent, marchèrent jusqu'à la Savane-Malheur. Dès qu'ils furent arrivés, le petit bélier se mit à roucouler :

C'est moi, le petit bélier !
Ma mère donna le jour à bien des enfants
Je suis le dernier.
Tu les as tués !
Tu les as mangés !

Le grand bélier, couché, se reposait. Lorsqu'il entendit ce chant, il bondit, agitant ses oreilles qui, à leur tour, formèrent une chanson :

Kalamokala
Kalamokala
Celui qui m'appelle
Dormira sans souper ce soir...

Le petit bélier entendit ce chant et se remit à roucouler :

C'est moi, le petit bélier
Ma mère donna le jour à bien des enfants
Je suis le dernier.
Tu les as tués !
Tu les as mangés !

Le grand bélier chanta encore :

C'est moi, le grand bélier
Je dis à ma première servante :
Va me chercher mes bottes
et mon tapis de combat.
Prends-les et apporte-les-moi...

Le petit bélier roucoula à nouveau :

C'est moi, le petit bélier
Ma mère donna le jour à bien des enfants
Je suis le dernier.
Tu les as tués !
Tu les as mangés !

Le grand bélier reprit de plus belle :

C'est moi, le grand bélier
Je dis à ma seconde servante :
Va me chercher mes cornes de combat
Prends-les et apporte-les-moi...

Les deux béliers se mirent en route, marchant l'un vers l'autre. Le fils marchait. Le père marchait. Enfin, le petit bélier aperçut son père. Il se vit tel un moustique devant un éléphant.

Le fils gratta le sol de son sabot. Le père

gratta le sol de son sabot. Le petit bélier prit peur. Il se dressa sur ses pattes de derrière et frappa son père d'un tel coup de tête que celui-ci fut projeté dans les airs.

Ce jour-là, le Bon Dieu dormait encore, messieurs et dames. Il faisait la grasse matinée. Les anges avaient fait la vaisselle du Bon Dieu et l'avaient mise à égoutter.

Tout à coup, ils virent s'abattre une pluie d'os qui brisa toute la vaisselle. Les anges allèrent réveiller le Bon Dieu et le secouèrent :

– Eh ! Bon Dieu ! Des os sont tombés sur la vaisselle. Tout est cassé !

Le Bon Dieu se leva aussitôt et alla voir ce qui se passait : il vit qu'il pleuvait des os de bélier ! Il dit alors aux anges :

– Mes amis, tout ce qu'il nous reste à faire, c'est d'arranger ces os de telle sorte qu'ils puissent être utiles aux gens de la terre !

Les anges se mirent au travail. Ils scièrent, scièrent et transformèrent les os en dés et en dominos. Quand ils eurent fini, ils se mirent à les jeter, par poignées, sur terre, en disant :

– Grâce à ces os, les malheureux pourront s'amuser un peu !

C'est depuis ce temps qu'ici, à la Martinique, les jeunes gens aiment tant le serbi[1].

Ina Césaire, *Contes de nuits et de jours aux Antilles*, Éditions Caribéennes, 1989.

1. Jeu de dés.

L’oranger magique

Haïti

Une petite fille pleurait la mort soudaine et récente de sa mère ; elle pleurait encore plus le remariage soudain et récent de son père avec une méchante femme, une marâtre.

Un jour, la marâtre rentre du marché avec un plein panier d’oranges savoureuses. Elle les dispose sur la table de la cuisine par petits tas de trois : *youn, dé, troa,* un deux, trois, *youn, dé, troa…* puis elle s’éloigne.

La petite fille s’approche aussitôt de la table, elle dévore les oranges des yeux et pense tout au fond de son cœur qu’elle mangerait bien une de ces oranges ; elle a grand-faim.

Elle jette un coup d'œil à droite, un coup d'œil à gauche, et saisit une orange qu'elle pèle et qu'elle déguste en poussant de petits soupirs de délice.

– C'est du miel ! Hum, du miel qui me coule dans la gorge !

Éperdue de plaisir, elle crache les pépins partout sans se soucier où.

Lorsque la marâtre découvre la disparition d'une de ses oranges, sa colère n'a pas de bornes, elle crie, que le tonnerre la brûle, qu'elle soit terrassée par la foudre, qu'on lui a volé une orange. Elle exige qu'on la lui rende :

– Écoute bien petite ! Si c'est toi la fautive et si tu ne me remets pas cette orange, je te tuerai ! *Ma touyé'ou !*

L'enfant affolée par les menaces de sa

marâtre promet de rendre l'orange volée. Comme il n'y a pas de marché à proximité et encore moins d'orangers, la petite tâche de retrouver les pépins crachés à la volée. Ils ne sont pas dans la maison, sont-ils cachés dans le jardin ?

Elle les retrouve enfin, et va les planter sur la tombe encore fraîche de sa défunte maman. Elle l'implore en mouillant la terre de ses larmes et chante pour faire germer les pépins :

Bel ti grin zoranj ô !
Bam you pié zoranj
Wouè ki jan jém ap kriyé woy !
You pié zoranj !

Elle se redresse lentement et voit alors une frêle tige sortir de terre. La petite fille mouille la terre de ses larmes et chante pour faire pousser la tige, elle chante pour la faire grandir et se couvrir de belles feuilles, elle chante pour la voir fleurir et se couvrir d'oranges :

Oranger magique ô !
Poussez ô !
Voyez comme les larmes coulent
Poussez ô !

Et l'oranger pousse tout couvert de feuilles, de fleurs, et d'oranges. Mais comme les oranges sont si haut placées, l'enfant implore l'arbre de se baisser :

Oranger magique ô !
Baissez bas !
Wouè ki jan jém ap kriyé o !
Baissez bas !

Grâce à la magie du chant, l'arbre se baisse, se baisse encore, le temps pour l'enfant de cueillir trois oranges, deux pour elle, et une à remettre à la marâtre. L'oranger se redresse à nouveau et s'enivre de vent.

La petite fille s'empresse de rendre l'orange volée à la marâtre qui n'en croit pas ses yeux. Elle est saisie de stupeur. Elle questionne abondamment l'enfant qui lui montre du doigt le bel oranger et l'invite à y grimper. Point n'est besoin de la forcer, la méchante femme est déjà en haut de l'arbre à se gorger d'oranges savoureuses.

Au pied de l'oranger, l'enfant mouille la terre de ses larmes et chante pour que l'arbre grandisse :

Oranger magique ô !
Poussez haut !
Woué ki jan jém ap kriyé o !
Poussez haut !

Grâce à la magie du chant, l'oranger pousse, il pousse, sa cime crève les nuages, elle disparaît dans le ciel et la marâtre aussi.

La petite fille débarrassée de son affreuse marâtre pousse, pousse comme un bel oranger. Elle devient une belle jeune fille dont le cœur est tout prêt à aimer. Elle a le coup de foudre pour un beau jeune homme, un marchand d'oranges qu'elle épouse par un soir d'orage.

Le jour des noces, elle est belle, toute couverte de fleurs d'oranger. J'étais aux noces et je peux tout vous raconter, ou presque tout ; parce que je dois avouer que j'y ai bien bu. J'ai bu du punch à l'orange, j'ai bu du planteur à l'orange, de la liqueur au zeste d'orange et je me suis enivrée.

Ai-je dépassé la mesure, et a-t-on souhaité m'écarter ?

En tout cas, j'ai reçu un coup de pied au derrière qui m'a envoyée valser dans le ciel que j'ai traversé comme un boulet de canon, et je tombe, ici, juste à temps, pour vous conter ce petit boudin, ce petit *manti*, ce petit mensonge.

Adapté de la tradition orale haïtienne par Mimi Barthélemy
in Pierre Andrès, *Les Machines singulières de Pierre Andrès*,
Fleurus Idées, 1986.
(Avec l'aimable autorisation de l'auteur.)

La création des premiers humains

Yupa (Venezuela)

Un jour, Dieu va se promener dans la forêt. Chaque fois qu'il passe à côté d'un arbre, il lui donne un coup avec la lame de sa hache. Ainsi va-t-il d'arbre en arbre, laissant une entaille dans chacun d'eux.

Soudain, l'un des troncs dont il vient d'entailler l'écorce se met à saigner au contact de la lame. Il abat cet arbre et, dans le bois, il sculpte deux silhouettes ; deux corps avec deux jambes, deux bras et une tête : deux petits enfants humains. Il abat ensuite un deuxième arbre, de la même espèce, et, dans le tronc, il fabrique une boîte où il pose les deux statues. Il appelle alors un pivert et l'invite à s'asseoir sur les deux statues. Quand l'oiseau est bien installé, il ferme la boîte à l'aide d'un couvercle, la laisse dans la forêt et s'en va.

Plusieurs jours plus tard, la compagne de Dieu va, à son tour, se promener dans la forêt. Tout en marchant, elle entend un bruit de voix. Elle s'arrête, surprise, puis essaye de trouver d'où viennent ces voix. Elle découvre une boîte. Elle soulève le couvercle et voit, stupéfaite, deux petits enfants humains vivants, bien vivants ! Et un oiseau aussi, un pivert.

Elle décide de les adopter. Elle emmène les enfants chez elle, les soigne, les nourrit, les élève jusqu'à ce qu'ils deviennent grands ; assez grands pour se marier ensemble.

Ce premier couple de jeunes êtres humains a beaucoup d'enfants qui se marient à leur tour entre eux et ainsi de suite. Au bout de quelques années, un grand nombre d'humains peuple la terre.

Un jour, Dieu se mêle aux hommes, les rassemble autour de lui et leur raconte comment ils sont venus au monde :

– Vous êtes nés de silhouettes de bois que j'ai moi-même sculptées et vous êtes tous les descendants d'un premier couple frère-sœur. Aujourd'hui vous êtes assez nombreux sur la terre, je vous recommande dorénavant de ne plus vous marier entre frères et sœurs.

Les humains acceptent et promettent de respecter cette loi. Dieu leur présente alors le pivert :

– Voici mon auxiliaire. C'est lui qui m'a aidé à vous donner forme humaine.

Au dernier jour de son passage chez les Yupa, Dieu organise une grande fête où il apprend aux humains à brasser de la chicha[1]

1. Bière de fruits ou de légumes.

et, juste avant de partir, il leur promet que chaque Yupa, à sa mort, ira le rejoindre chez lui.

Et il en est ainsi depuis ce temps-là.

The Creation of the First Human Beings,
in Johannes Wilbert, *Yupa Folktales*,
University of California, Los Angeles, 1974.

Jambes-Fines, Grande-Bouche, Gros-Ventre

Marie-Galante

Une maman avait trois fils, Jambes-Fines, Grande-Bouche et Gros-Ventre. Un jour, elle les envoie chercher du bois : « Celui qui ramènera le plus de bois aura le plus à manger. » Gros-Ventre voit un corossolier[1]. Il y grimpe et se met à manger des corossols. Grande-Bouche dit :

– Frère, jette-moi un petit corossol !

Gros-Ventre répond :

– Si tu grimpes comme moi dans l'arbre, tu en auras autant que tu voudras.

Un petit moment plus tard, en bougeant

1. Arbre dont le fruit, le corossol, a une peau verte. La pulpe blanche et juteuse est sucrée comme du miel.

sur la branche, Gros-Ventre perd l'équilibre et tombe par terre, son ventre éclate. Maintenant Grande-Bouche rit, il rit de plus en plus fort, sa bouche se fend jusque derrière les oreilles. Jambes-Fines danse, il dit qu'il veut aller tout raconter à sa mère. Il part en courant, ses jambes s'enfoncent dans un trou de fourmi et se cassent aussi sec!

Alors voilà une maman qui a perdu ses trois enfants parce qu'elle les a envoyés chercher du bois.

Jam'e fine, Grand gueule, Gwos vent'e,
in Elsie Clews Parson,
Folklore of the Antilles, French and English,
Memoirs of the American Folklore Society,
volume XXVI, part II, New York, 1936.

Elle aimait un gros poisson

Guadeloupe

Cric ! Crac !

Un père et une mère avaient plusieurs enfants. L'une des filles faisait souvent les commissions. À chaque repas, elle prenait sa nourriture et allait au bord de la mer. Les miettes qu'elle jetait dans l'eau attiraient un gros poisson.

La voici amoureuse du poisson. Elle joue souvent avec lui, et un jour, à force de jouer, elle se retrouve enceinte. Quand son père et sa mère s'en aperçoivent, ils lui demandent qui est le père, elle ne répond pas. Elle ne répond jamais.

Un jour, elle emmène son petit frère avec elle au bord de la mer. Elle lui dit :

– Comment peux-tu mieux voir ce qui se passe autour de toi ? Assis sous une bassine ou sous un panier ?

Le frère répond :

– Sœur, si tu me mets sous une bassine, je verrai tout, mais si tu me caches sous un panier, je n'y verrai rien.

Ainsi, la sœur le cache sous un panier puis elle s'approche de l'eau et se met à chanter :

Té té té té li Candi
La femme de Candi est arrivée, li Candi,
Elle apporte à manger pour lui, té té,
À manger pour lui, té té.

Le petit garçon qui est sous le panier voit un gros poisson sortir de la mer et sa sœur lui donner à manger. Après lui avoir donné à manger, elle joue avec lui et le caresse. Un moment plus tard, le poisson s'en va.

La sœur retourne le panier et libère son frère, elle lui demande :

– Qu'as-tu vu ? Qu'as-tu entendu ?

Le petit frère dit :

– Sœur, je n'ai rien vu, je n'ai rien entendu.

Les voilà qui remontent maintenant à la maison. Le petit garçon appelle son père et sa mère et leur parle discrètement, il leur dit :

– Ma sœur a un gros poisson et elle l'aime !

– Nous le tuerons, disent le père et la mère.

Ce jour-là, ils envoient leur fille très loin pour faire les commissions. Quand elle est partie, ils descendent au bord de la mer, le père, la mère et le petit garçon. Ils prennent un sabre, une hache et un panier pour découper le poisson et le ramener chez eux.

Quand ils arrivent, le père se met à chanter de sa grosse voix :

Té té té té li Candi
La femme de Candi est arrivée, li Candi,
Elle apporte à manger pour lui, té té,
À manger pour lui, té té.

Alors le petit garçon dit :

– Papa, ce n'est pas comme ça !

La mère dit :

– Moi, je veux chanter, j'ai une voix plus fine !

Le petit garçon dit :

– Papa, c'est moi qui vais chanter !

Et il chante :

Té té té té li Candi
La femme de Candi est arrivée, li Candi,
Elle apporte à manger pour lui, té té,
À manger pour lui, té té.

Le poisson sort de l'eau et arrive sur la plage. Le père et la mère tombent sur lui à coups de sabre et à coups de hache. Il ne reste de lui que le petit bout de la queue qui retourne dans la mer.

Ils remontent chez eux avec les morceaux de poisson et ils font un bon court-bouillon.

Quand la petite fille revient des commissions, c'est l'heure du repas, ils lui donnent à manger. Quand elle met le premier morceau de poisson dans sa bouche, il remue et tombe à terre. Elle emporte alors son repas et descend, comme d'habitude, au bord de la mer. Elle se met à chanter :

Té té té té li Candi
La femme de Candi est arrivée, li Candi,
Elle apporte à manger pour lui, té té,
À manger pour lui, té té.

Rien.

Elle chante plusieurs fois quand le bout de la queue du poisson sort de l'eau, vient se poser sur sa jambe puis retourne dans la mer.

La fille pleure. Elle met ses deux mains sur la tête et s'en va dans la forêt pour que les bêtes puissent la dévorer. Chaque fois qu'elle rencontre une bête, elle lui dit :

– Mange-moi ! Mange-moi !

Mais les bêtes répondent :

– Non mademoiselle, vous êtes trop belle !

Elle rencontre enfin Compère Éléphant, elle lui dit :

– Mange-moi !

Alors Compère Éléphant l'avale.

Et ils m'ont donné un petit coup de pied pour que je vienne tout vous raconter.

I té aimé un gros poisson : i té t'ouvé fwé ai,
in Elsie Clews Parson,
Folklore of the Antilles, French and English,
Memoirs of the American Folklore Society,
volume XXVI, part II, New York, 1936.

Araignée et Lapin

Guadeloupe

Tous les samedis, Bon Dieu fait sa tournée sur la terre, pendant ce temps, au ciel, Compère Araignée joue de la musique de bal, pour les anges.

Un jour Lapin lui dit :

– Compère Araignée, emmène-moi faire un tour, là où tu joues ta musique.

– Je ne t'emmènerai pas, parce que c'est chez Bon Dieu et c'est pour les anges que je joue. Et toi, je sais que tu as des manières de mal élevé.

– Compère Araignée, emmène-moi ! Je n'occuperai même pas un siège, je me mettrai sous ta chaise.

– Compère Lapin, en es-tu certain ?

– Compère Araignée, c'est Lapin qui te parle !

– D'accord compère, je t'emmènerai samedi. Tu écouteras bien tout ce que je te dirai, ne fais pas ton mal élevé.

Quand samedi arrive, Compère Lapin s'habille de blanc. Araignée fait son fil et ils montent au ciel. Dès qu'ils arrivent, le bal commence et Araignée se met à jouer du violon. Il joue de la musique douce avec de belles paroles. Au bout d'une heure, Lapin en a assez sous sa chaise, il dit :

– Compère Araignée, donne-moi le violon, je veux jouer un morceau.

– Compère Lapin ! Je ne veux pas que tu joues un seul morceau de musique. Je ne pense pas que tu puisses jouer une musique qui me plaise.

– Je jouerai une belle musique !

– Bon, d'accord.

Araignée donne le violon à Lapin, celui-ci ne prend pas le temps de s'asseoir, il joue debout. Pendant qu'il était sous la chaise, il avait composé une chanson qu'il se met à chanter à tue-tête :

Regardez les jambes de la fille,
Regardez les seins de la fille,
Regardez la pose de la fille,
Regardez les fesses de la fille,
Regardez les rondeurs de la fille,
Ha ha ha, je dormirais bien avec la fille...

Araignée a honte, c'est lui qui a aidé Lapin à monter, il lui dit :

– Compère, arrête !

Mais Lapin chante encore plus fort parce que les anges veulent écouter ce morceau toute la nuit. Quand Araignée voit qu'il ne peut pas venir à bout de Lapin, il fait son fil et il descend.

Lapin s'en donne à cœur joie. La musique roule comme du feu et c'est ainsi que le jour se lève sur Lapin dans la maison de Bon Dieu.

Quand Lapin et les anges cherchent Araignée, ils ne le voient pas, ils cherchent dans tous les coins, ils ne le trouvent pas. Et Bon Dieu ne va pas tarder à arriver.

Les anges ne perdent pas la tête, ils déchirent leurs robes et en font une corde pour aider Lapin à descendre. Il manque du tissu. L'un d'eux regarde dehors et crie : « Bon Dieu arrive. » Lapin dit qu'il descend. Advienne que pourra ! Mais pendant qu'il descend, il crie : « Enlevez les pierres ! Mettez de la farine ! Si je tombe, je ne me casserai pas les reins. Enlevez les pierres ! Mettez de la farine !... »

Manque de chance, il tombe, *bo* ! Il s'évanouit. Une femme qui faisait du charbon juste à côté le voit par terre. Il respirait toujours. La dame dit : « Regardez, un beau lapin ! Je vais en faire un bon colombo[1] aujourd'hui ! »

La dame prend donc Lapin et le met dans un panier. Cette dame avait avec elle un enfant qui avait tout vu. Elle en avait aussi un autre qui était en ville et qui ne savait rien. Quand celui-ci arrive, il dit :

– Alors maman, tu as acheté un beau lapin ? Il faut faire bouillir de l'eau pour l'échauder.

À ce moment, Lapin reprend connaissance et entend ces paroles. Quand ils essayent de le sortir du panier, il saute *klik*, et se sauve.

Zarigné é Lapen,
in Alain Rutil, *Les Belles Paroles d'Albert Gaspard*,
Éditions Caribéennes, 1987.

1. Sorte de curry.

Oriyou et le pêcheur

Arawak

Un homme va un jour à la pêche sur sa pirogue. Il sent soudain un poids au bout de son hameçon. Il essaye de remonter la ligne mais il n'y parvient pas. Sa prise est lourde. Il essaye une fois de plus, il tire de toutes ses forces et la ligne remonte tout doucement, tout doucement et il voit enfin ce qu'il a pêché : c'est Oriyou en personne, Oriyou, la divinité protectrice de la rivière, ses cheveux sont enroulés autour de l'hameçon.

Le pêcheur la hisse jusque dans sa pirogue et, sans perdre de temps, il rame vers la rive.

Quand elle les voit arriver, la mère du pêcheur est frappée de stupeur car elle reconnaît immédiatement Oriyou. Celle-ci parle pour la première fois, elle dit :

– À partir d'aujourd'hui je resterai auprès de toi, je serai ta femme, mais tu dois me promettre que toi et ta mère vous garderez mon secret. Si l'un de vous révèle à quiconque qui je suis et d'où je viens, je serai dans l'obligation de rentrer chez moi, dans la rivière.

L'homme et sa mère promettent d'être discrets.

Oriyou était une femme aimante, elle aidait beaucoup son mari. Quand ils allaient à la pêche, elle lui indiquait les endroits les plus poissonneux car avec ses yeux perçants elle pouvait voir à travers l'eau boueuse. Tous les jours, ils revenaient de la pêche la pirogue remplie de poissons et Oriyou partageait de bon cœur avec ceux dont la pêche avait été maigre.

Tous se demandaient qui était cette belle femme que nul ne connaissait et qui portait chance au pêcheur.

Une nuit, tous les habitants sont rassemblés pour une fête. La mère du pêcheur est là, elle boit, elle boit beaucoup, d'une boisson forte qui excite les sens et qui délie la langue et pendant qu'elle bavarde, elle révèle le secret de sa belle-fille.

L'histoire se répand comme un incendie et parvient aux oreilles d'Oriyou. Elle pense d'abord à son mari ; c'est lui qui l'a trahie ! Elle va le trouver et lui dit :

– Je t'ai porté bonheur et tu me remercies en me trahissant ?

– Je n'ai jamais rien dit à personne, proteste-t-il, ni qui tu es, ni d'où tu viens !

Son regard est sincère, elle le croit. Ils vont ensuite demander des explications à la mère. Celle-ci reconnaît son manque de discrétion et prie Oriyou de lui pardonner, elle regrette amèrement sa légèreté car elle sait tout le bien qu'elle a fait pour eux. Mais le mal est fait et Oriyou doit rentrer chez elle, dans la rivière.

Pourtant, les jours passent et tous oublient l'incident quand Oriyou dit à son mari :

– Invite ta mère et ses amis à nous accompagner à la pêche.

Ce jour-là, plusieurs personnes s'embarquent sur la pirogue. Quand ils arrivent au milieu de la rivière, là où l'eau est la plus profonde, Oriyou dit à son mari :

– Depuis des années nous vivons ensemble et tu n'as jamais rencontré les miens. Rendons-leur visite !

Ils s'excusent auprès des amis de la mère, leur promettent de revenir bientôt et plongent dans l'eau.

Ils sont partis depuis longtemps. La mère commence à s'inquiéter de leur longue absence, quand l'une des sœurs d'Oriyou apparaît. Elle porte des filets remplis de poissons et un panier plein de racines que nul ne connaît :

– Ma sœur et son mari vous envoient ces présents. Ils vous demandent de rentrer chez vous, de planter les racines tout de suite et de bien les soigner pour qu'elles vous nourrissent tous.

Elle disparaît sous l'eau.

Tristes, la mère et ses amis regagnent la rive. La mère est souvent retournée au bord de la rivière pour appeler son fils mais il ne lui a jamais répondu.

Depuis ce temps-là, les Arawaks ont cultivé les racines et les ont appelées manioc[1]. Ils en ont aussi fait une boisson, le cassiri[2], qu'ils buvaient quand il y avait une fête, en chantant, en dansant et en racontant des histoires.

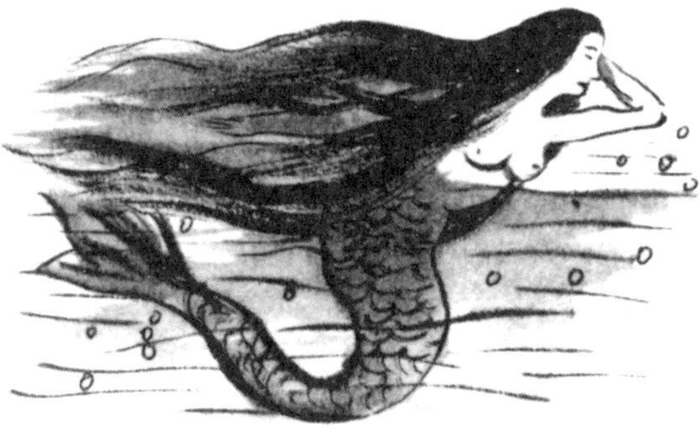

Oriyu and the Fisherman,
in Grace Hallworth,
Mermaids & Monsters,
Mammoth Collection, Londres, 1997.

1. Racine que l'on râpe pour faire de la farine, puis des galettes.
2. Boisson fermentée à base de manioc que buvaient les Amérindiens.

Les choses qui parlent

Nevis

Une fois, un homme a planté des ignames[1]. Il s'est promis de ne pas les cueillir avant les «jours difficiles», c'est à dire en octobre. Mais la famine s'est abattue sur le pays bien avant. L'homme prend donc sa houe, son panier et son chien et va dans son champ pour ramasser les noix.

Quand il arrive dans son champ, la houe dit :

– Je ne creuserai rien !

Le panier dit :

– Je ne porterai rien !

1. Racines cousines de la pomme de terre.

Le chien se met à rire. L'homme soulève sa houe pour battre son chien, le manche de la houe dit :

– Fais attention que le chien ne me morde pas !

L'homme s'enfuit loin de son champ en courant et tout en courant il rencontre un autre homme qui porte un fagot de bois sur la tête. Il lui raconte ce qui vient de se passer et ce dernier répond :

– Et c'est seulement pour cela que tu cours ?

Et le fagot d'ajouter :

– Que veux-tu dire par « et c'est seulement pour cela que tu cours » ?

The Things that Talked,
in Roger D. Abrahams, *Afro-American Folktales*,
Pantheon Books, New York, 1985.

Tigre se fait brûler le derrière

Sainte-Lucie

Compère Lapin et Compère Tigre avaient l'habitude de voler les œufs de la Reine. Aucun des deux ne soupçonnait l'autre d'être lui aussi un voleur.

Un jour, la Reine se rend compte de la disparition régulière de ses œufs, elle décide de poser un piège pour attraper les coupables. Elle donne l'ordre à ses gardes de fabriquer une silhouette humaine, de l'enduire de goudron et de la mettre dans le jardin.

Quelques heures plus tard, Compère Lapin arrive pour prendre les œufs de son repas. Il voit le mannequin de goudron. Il s'en approche sans bruit et demande poliment :

– Comment t'appelles-tu ? Je viens juste pour voir les jolis petits œufs.

N'obtenant pas de réponse, il répète sa question, mais d'une voix très forte. Toujours pas de réponse. Lapin s'énerve : comment ce personnage tout noir peut-il l'ignorer à ce point !

– Oh... oh... oh ! C'est comme ça ? En voilà des manières ! Tu ne réponds pas ? Tiens, prends ça !

Il donne au mannequin une bonne claque sur la figure. Sa main reste collée.

– Lâche-moi, toi ! Laisse-moi partir ! Ah ! Ah ! Je ne joue pas avec toi !

Une autre claque part, l'autre main reste

collée à son tour. Lapin pousse, Lapin tire, il pousse, il tire tant et tant qu'il se retrouve les genoux collés. Il se débat et s'agite mais en vain.

Et voilà son cher ami, Compère Tigre qui arrive :

– Qu'est-ce qui se passe l'ami ?

– Tais-toi ! le tance Compère Lapin.

Compère Tigre est abasourdi. Il ne comprend pas ce qui arrive à son ami. Lapin, lui, réfléchit au moyen de piéger Tigre.

– Tu sais que je me suis marié, dit-il.

– Oui.

– Tu sais que j'ai une femme ?

Compère Tigre s'impatiente :

– Bien sûr, je connais ta poule stupide.

– Aimerais-tu te marier ?

– Bien sûr, bien sûr, répond Tigre sans réfléchir.

Mais il change tout de suite d'avis et dit :

– Non, non merci, monsieur, je ne veux pas me marier.

– Ce n'est pas ma femme que je te propose, frère, viens plus près.

Tigre s'approche doucement de Lapin :

– La Reine a dit que celui qu'elle trouvera collé à cette chose sera obligé d'épouser sa fille. Tu n'imagines pas qu'un animal petit et laid comme moi puisse épouser la fille de la Reine ? Un gars comme toi lui conviendrait mieux.

Compère Tigre n'en croit pas ses oreilles. Il sourit :

– Quelle nouvelle ! Épouser la fille de la Reine ! Tu as raison, tu n'es pas assez beau.

Tout en disant ces mots, il tire Lapin de toutes ses forces, le libère et va soigneusement se coller au mannequin de goudron.

– Ouf! dit Lapin, tu ne sais pas de quel pétrin tu m'as sorti. N'oublie pas de m'inviter à la noce !

– C'est bon, dit Tigre en riant, tu sais que je t'aiderai toujours, tu peux t'en aller maintenant.

Quand Lapin est loin, Tigre se met à rire :

– L'inviter ? Une chose aussi laide ?

Compère Tigre attend avec impatience. Il fronce les sourcils et suçote ses dents :

– Où est donc cette Reine ? Il est grand temps que j'organise ma vie avec une belle femme.

Il entend des pas derrière lui, il se met à sourire. La Reine est à quelques pas de lui.

– Bonjour madame, j'espère que votre fille est aussi belle que Votre Majesté !

– Aussi belle que... que... Comment oses-tu ? hurle la Reine.

Compère Tigre la regarde, stupéfait :

– Si votre fille est comme vous, je pense que je vais changer d'avis. Je ne veux plus l'épouser. Je m'excuse.

– Quoi ? Épouser ma fille ?! Je n'ai pas de fille alors arrête de dire des bêtises. Gardes ! Préparez les fers brûlants !

– Les fers ? Mais Votre Majesté, j'ai cru comprendre que vous n'avez pas de fille et vous préparez les fers chauds pour repasser mon costume ?

– Ton costume ? Je vais repasser mieux que ça, ton joli gros...

Elle tapote les fesses de Tigre. Il comprend :

– Majesté ! Je vous en supplie, laissez-moi partir.

Sans lui jeter un seul regard, la Reine appelle :

– Gardes ! Apportez immédiatement les fers !

Tigre s'effondre, il commence à pleurer :

– Wa… a… a… aaa. Je vous en supplie, Majesté. Ayez pitié de moi.

Les gardes se saisissent de Compère Tigre, le mettent dans un grand sac et posent le fer chaud sur ses fesses. Tigre hurle, hurle très fort.

– Détachez-le ! dit la Reine.

Compère Tigre sort du sac en reniflant et en se frottant les yeux. À peine sorti, il part en courant et crie :

– Compère Lapin va payer pour son mauvais tour ! Il va payer ! Quand je vais l'attraper je vais lui faire pire que ce qu'il m'a fait ! Waaaaaa !

Une pierre vient de tomber sur son derrière brûlé. Il regarde partout autour de lui, personne. Mais il entend chanter :

Tigre, Tigre, brûlé bam-bam,
Tigre, Tigre, brûlé bam-bam,
Tigre, Tigre, brûlé bam-bam.

– Je sais qui tu es, dit Tigre d'une voix timide. Quand je te tiendrai, tu verras. Oui Compère Lapin, tu m'as joué un mauvais tour et tu vas payer !

Seul un rire lui répond.

– Tu peux rire ! Après la joie vient la tristesse !

Compère Tigre rentre chez lui. Pendant des jours et des jours il rumine son aventure. Pendant des jours et des jours il cherche Compère Lapin.

Un jour, pendant qu'il cherche, il rencontre un personnage qui lui semble couvert de vers.

– Qui es-tu ? Pourquoi as-tu autant de vers sur ton corps ? C'est dégoûtant ! Va te nettoyer, dit Tigre.

– J'ai tout essayé, impossible de me nettoyer, dit le personnage.

– Mais comment as-tu fait pour avoir tous ces vers sur toi ?

– Je suis passé chez Compère Lapin. Quand il m'a vu, il a toussé et a craché sur moi. Voilà comment les vers m'ont envahi.

Tigre regarde autour de lui avec des yeux apeurés :

– Comment Lapin a-t-il pu faire une chose pareille ?

– Eh bien, je suis allé chez lui, il m'a craché dessus et il m'a dit qu'il t'attend.

Compère Tigre écarquille les yeux et commence à trembler :

– Il m'attend ? Va lui dire qu'il ne me trouvera jamais. Tu sais ce que je vais faire ? Je vais me cacher sous un matelas. Comme ça il pourra cracher autant qu'il voudra. Mais il ne me trouvera jamais ! Non monsieur ! Pas moi, Compère Tigre ! Je m'en vais loin d'ici !

Tigre se met à courir aussi vite qu'il peut.

Le personnage, lui, murmure :

– Il est temps que je me débarrasse de

tous ces petits morceaux de papier qui recouvrent mon corps.

Le personnage défait son vêtement et le retire et... c'est Compère Lapin qui apparaît, hilare.

Je dis Cric ! Crac !

Burnt Behind,
in Jacintha A. Lee, *Give Me Some More Sens*,
Macmillan Caribbean, Londres, 1988.

Une petite fille oiseau

Martinique

Une petite fille vivait chez sa marraine à la campagne. Elle n'avait ni père ni mère et sa marraine, qui l'avait adoptée, l'élevait du mieux qu'elle pouvait.

Une nuit, la petite fille se réveille et découvre que sa marraine n'est pas dans sa chambre. Le lendemain matin, elle a déjà oublié.

Cela s'est reproduit plusieurs fois et, chaque fois, la petite fille s'est promis de demander des explications à sa marraine mais elle n'en a jamais eu le courage; elle n'a jamais rien demandé.

Une autre nuit, la petite se lève et voit sa

marraine avec deux bouteilles, elle boit un peu d'eau de la première et se frotte le corps avec l'eau de la deuxième. Quand elle a fini, elle cache les deux bouteilles sous son lit, récite des paroles cabalistiques et se transforme en un grand oiseau noir qui s'envole par la fenêtre.

La petite fille se lève, prend les bouteilles et se frotte le corps avec l'eau de la deuxième, comme elle a vu sa marraine le faire. Quelques instants plus tard, des plumes poussent sur son corps et elle est transformée en oiseau. Alors, à son tour, elle prend son envol et suit sa marraine ; ses ailes font *bap bap bap*.

La marraine était ce que l'on appelle gens gagé, elle avait conclu un pacte avec le diable et tous les soirs elle allait rejoindre les autres soucougnans[1], pour faire du mal à tout ce qui vit.

1. Des personnes qui prennent, la nuit, la forme d'un animal.

Heureusement la petite fille n'avait pas proféré les mêmes paroles que sa marraine ! Les autres gens gagés ne l'ont pas reconnue comme étant l'une des leurs et ont fait leur sabbat sans se soucier d'elle.

Un peu avant le lever du jour, la marraine est rentrée chez elle pour aller se coucher. Elle s'est levée bien tard ce matin-là. Sa filleule n'était pas à la maison, elle a cru qu'elle était allée jouer comme d'habitude avec les autres enfants du voisinage. Elle ne s'en est donc pas souciée. Elle a juste vu un oiseau qui volait autour de sa maison. Elle n'a pas pensé un seul instant que cet oiseau était la petite fille elle-même.

Excédée par l'oiseau qui tourne et tourne et tourne encore, elle prend une pierre et la lui jette :

– Qu'est-ce qu'il veut cet oiseau ?!

La petite, effrayée, s'est envolée plus loin

et, en survolant le clocher de l'église, elle s'est signée du bout de l'aile, sans faire exprès, et là… elle est redevenue une petite fille et elle est tombée à terre *blip*!

Elle court chez sa marraine et lui raconte tout ce qu'elle a fait, tout ce qu'elle a vu. Celle-ci, fâchée, la punit en disant: «Les enfants ne peuvent pas faire tout ce que font les grands!»

An ti fi z'oiseau,
in Marie-Thérèse Lung-Fou, *Contes créoles*,
Éditions Desormeaux, Fort-de-France, 1979.

Les deux ânes

Haïti

Il était une fois deux ânes qui ne se quittaient jamais ; un mâle et une femelle. Ils broutaient l'herbe verte sur le flanc des mornes[1] et se frottaient l'un contre l'autre en se mordillant tendrement les oreilles.

Une année, la saison sèche s'est prolongée, pire que jamais. La pluie refusait de tomber. Pas une goutte d'eau. La terre était desséchée : pas une plante, pas un arbuste, pas un brin d'herbe.

– Si cela continue, dit le mâle, nous en mourrons tous les deux. J'ai une idée, transformons-nous en humains. Je deviendrai un homme et je travaillerai pour celui

1. Collines.

qui me payera un bon salaire. Toi, tu seras une femme et tu iras là où tu pourras trouver un travail. À la saison des pluies, nous redeviendrons nous-mêmes et nous nous retrouverons ici même, comme avant.

La femelle acquiesce.

Elle se transforme en femme. Elle est si belle que, le soir même, un fermier tombe fou amoureux d'elle au premier regard et l'épouse sans attendre.

Le mâle, lui, devient un homme et trouve du travail.

La saison sèche a bien duré six mois et quand la pluie s'est remise à tomber, la terre est redevenue humide et pleine de vie. Elle s'est recouverte de fleurs et d'herbe verte. L'homme redevient un âne et se précipite vers les collines mais sa femme n'est pas au rendez-vous ! Il attend. Elle ne vient pas. Il se met à sa recherche, il va de ville en ville et appelle :

Anne, Anne,
La saison des pluies est revenue.
Anne, Anne, où es-tu ?

Anne c'est son nom.

Un jour, il arrive enfin dans la ville où elle vit. Elle est en train d'éplucher des malangas et des ignames pour le déjeuner de son mari.

Anne, Anne,
La saison des pluies est revenue.
Anne, Anne, où es-tu ?

Elle laisse tomber les ignames et tend l'oreille.

Anne, Anne,
La saison des pluies est revenue.
Anne, Anne, où es-tu ?

Ses oreilles s'allongent, ses bras s'étirent et, sous sa jupe, sa queue se met à pousser !

Le fermier, lui, attend son repas au champ : «Je lui ai dit de m'apporter le déjeuner à midi ! Où est-elle ? Que fait-elle encore à la maison ? »

Il se lève et rentre chez lui avec l'intention de donner une bonne correction à sa femme. Quand il arrive devant la porte, il entend un bruit de vaisselle cassée et voit une ânesse qui sort de la cuisine en trottant. *Hiii Han ! Hiii Han !*

Un âne l'attend devant le portail. Il se précipite vers elle et tous les deux entrelacent leurs pattes de devant et se mettent à braire joyeusement tout en se mordillant tendrement les oreilles. *Hiii Han !*

Les deux ânes prennent la direction des mornes et galopent joyeusement hors de la ville.

Le fermier entre dans la cuisine : toute la vaisselle est cassée et sa femme est partie.

The Two Donkeys, in Diane Wolkstein,
The Magic Orange Tree and other Haitian Folktales,
Alfred A. Knopf, New York, 1978.

L'histoire de Ti-Jean et de son parrain

Marie-Galante

Cette fois, il s'agit du temps où vivaient beaucoup de békés en Guadeloupe. Il y avait une femme très malheureuse. Elle avait un fils qui s'appelait Ti-Jean. Son parrain était un béké qui avait beaucoup d'argent. Mais il était avare et ne donnait absolument rien à Ti-Jean.

Ti-Jean dit un jour à sa mère :

– Mon parrain est pingre. Je lui tendrai un piège pour récupérer tout son argent, car il n'a d'autres héritiers que sa vieille mère et moi-même.

Ti-Jean se munit d'un fouet. Sachant

que son parrain devait passer près de la maison de sa mère, il dit à celle-ci :

– Regarde comment je vais tromper parrain. Ton repas est presque cuit, tu n'as qu'à laisser le faitout sur le feu et le laisser mourir.

Quand son parrain arriva à proximité de la maison, Ti-Jean prit son fouet et commença à fouetter autour du faitout en disant :

– Je veux que le repas cuise ; repas, je t'ai dit de cuire !

Quand le parrain arriva à hauteur de son filleul, Ti-Jean, il lui demanda :

– Ti-Jean, mais que fais-tu là ?

– Je fais cuire le repas.

– Tu fais cuire le repas sans feu !!!

– Ne t'en fais pas. Reste là et tu verras.

Alors Ti-Jean continua de jouer du fouet. Un moment après il découvrit son faitout et dit à son parrain :

– Qu'est-ce que je te disais, viens voir.

Le parrain s'avança. Ti-Jean lança sur un ton de défi :

– Alors qu'en dis-tu ?

– D'accord, tu es très fort filleul. Donne-moi ton fouet.

Ti-Jean, qui connaissait bien son affaire, lui répondit :

– Parrain, je ne pourrai pas te donner mon bien, cela te procurerait des ennuis.

Le parrain s'en alla. Quant à Ti-Jean, il riait au fond de lui-même.

Un samedi, la mère de Ti-Jean tua un cochon. Son parrain devait passer, ce jour-là, chercher Ti-Jean pour aller à la chasse. Que fit alors Ti-Jean ? Il prit la vessie du cochon, la remplit de sang, l'attacha sur le ventre de sa mère et fit celle-ci revêtir une grande robe. Vers quinze heures, il vit arriver son parrain. Ti-Jean fit mine de dormir sur un sac de farine dehors. Le parrain s'approcha de la maison. Quand il vit que Ti-Jean dormait, il dit à la mère :

– Réveille-moi Ti-Jean, commère.

– Compère, je ne peux pas le réveiller. Si je le réveille, il pourrait faire un grand malheur.

– Que me chantes-tu là ? Je t'ai demandé de me réveiller Ti-Jean.

La mère, de son lit, cria :

– Ti-Jean, Ti-Jean, réveille-toi ! Ton parrain est venu te chercher pour la chasse.

Ti-Jean faisait semblant de ronfler. Un instant après, il répondit :

– Je t'ai déjà dit de ne point me réveiller, ou je ferais un malheur.

On cria tant et tant, que Ti-Jean se leva d'un coup, ramassa un couteau qui traînait dehors et piqua le ventre de sa mère. Le sang jaillit. Le parrain prit peur et se mit à crier :

– Jeune homme, qu'as-tu fait ? Tu as tué ta mère !

Ti-Jean fit mine d'avoir peur. Un moment après, se ressaisissant, il annonça à son parrain :

– Parrain, ne t'en fais pas. Je vais ressusciter maman. Je vais prendre mon fouet et tu verras.

Ti-Jean s'arma de son fouet et se mit à fouetter tout autour de sa mère.

– Maman lève-toi, maman lève-toi...

Soudain, la mère de Ti-Jean se leva. Le parrain resta muet de stupeur. Il ne comprenait rien. Ti-Jean dit à son parrain :

– Ce fouet a un pouvoir, c'est lui qui a ressuscité maman.

– Il faut me remettre ce fouet, Ti-Jean !

– Parrain, ce fouet te procurera des ennuis.

Mais, comme nous le savons tous, les békés avaient l'habitude de faire ce qu'ils voulaient dans le pays, alors il s'empara du fouet. Le lendemain, dimanche, le béké invita tous ses amis à manger chez lui. Quand ils eurent bien mangé, ils se mirent à plaisanter. Alors, afin de montrer ce qu'il est capable de faire à ses amis, il alla chercher le fouet et il leur dit :

– Messieurs, ce fouet a un pouvoir, c'est un fouet magique. Il fait ce que l'on désire. Que voulez-vous voir ?

Un des amis dit :

– Si tu te sens fort, envoie-le nous chercher un litre de rhum.

– Ce n'est rien cela. Je vais vous faire voir que je tue ma mère et que je la ressuscite devant vous.

Tous ses amis prirent peur, ils pensaient qu'il était devenu fou. Il alla chercher sa mère et la piqua avec un couteau. Le sang jaillit. Et comme vous le pensez, la vieille tomba et râla par terre. Cependant le parrain fouettait avec fougue. Il voulait imiter Ti-Jean. Il fouettait, il fouettait, mais la maman ne bougeait pas d'un pouce. La malheureuse était morte et bien morte.

Tous ses amis s'écrièrent alors :

– Assassin, assassin.

Et ils le pendirent à un manguier.

Comme Ti-Jean était le seul membre de la famille du béké (car en ce temps-là, le filleul était considéré comme un fils), il se retrouva seul héritier de son parrain. Il sortit sa mère de sa vieille petite case en paille et ils s'installèrent dans le beau château du parrain.

Vous vous rendez compte !

Alain Rutil, *Contes marie-galantais de Guadeloupe*,
Éditions Caribéennes, 1981.

Minuit et demi quand j'ai quitté l'Enfer

Sainte-Croix

Il était une fois un homme qui travaillait dans une usine, il faisait bouillir le sucre. Il vivait à près de huit miles de son travail. Cette nuit-là, la lune était pleine et notre homme s'est laissé surprendre par le temps : il s'est levé à deux heures pensant qu'il était cinq heures car il n'avait pas de montre.

Il s'habille et s'en va. Quand il a marché près d'un mile, il rencontre un homme et demande :

– L'ami, quelle heure est-il ?

L'homme répond :

– Quand j'ai quitté l'Enfer, il était minuit et demi.

C'était une momie.

Il marche encore et rencontre un autre homme, il dit :

– L'ami, quelle heure est-il ?

– Quand j'ai quitté l'Enfer, il était deux heures pile.

Maintenant il a peur, il commence à courir mais il rencontre un autre homme encore :

– L'ami, quelle heure est-il ?

– Quand j'ai quitté l'Enfer, il était quatre heures.

L'homme a vraiment très peur. Il se précipite dans les buissons à plat ventre. À sa grande surprise, il entend chanter et le chant se rapproche de plus en plus de lui. Il jette un coup d'œil et entend le pasteur des zombis[1] dire : « C'est ici qu'il faut en-

1. Espèce de fantômes.

terrer Gongon. » Il regarde autour de lui, il voit qu'ils sont nombreux, il se met à courir.

Il entend de nouveau : « C'est ici qu'il faut enterrer Gongon. »

Il a si peur qu'il hurle :

– Non ! Ce n'est pas ici, diable, qu'il faut enterrer Gongon !

Les zombis sont eux-mêmes si effrayés, qu'ils partent en courant.

L'homme peut alors reprendre le chemin de l'usine.

Quand il arrive à son travail, le patron lui demande pourquoi il est en retard. Il lui dit et l'histoire est finie.

Half Past Twelve when I Left Hell,
in Elsie Clews Parson,
Folklore of the Antilles, French and English,
Memoirs of the American Folklore Society,
volume XXVI, part II, New York, 1936.

Ne me tue pas Dyer, ne me tue pas!

Saint-Vincent

Ne me tue pas Dyer, ne me tue pas,
Ne me tue pas Dyer, ne me tue pas,
Tous les pigeons autour sont morts,
Et moi tout seul, livré à mon sort,
Ne me tue pas Dyer, ne me tue pas.

C'est l'histoire d'un gars qu'on appelle Dyer et qui aime la chasse. Un jour, il va au sommet d'un morne pour chasser des pigeons, il en tue tant et tant qu'il ne reste plus, au bout d'un moment, qu'un seul pigeon vivant. Le seul pigeon du monde.

L'oiseau vole à travers les arbres et chante :

Ne me tue pas Dyer, ne me tue pas,
Ne me tue pas Dyer, ne me tue pas,
Tous les pigeons autour sont morts,
Et moi tout seul, livré à mon sort,
Ne me tue pas Dyer, ne me tue pas.

L'oiseau demande au chasseur de ne pas le tuer, mais Dyer n'écoute pas. Il tire *pow* et le pigeon tombe par terre et se met à chanter :

Ne me ramasse pas Dyer, ne me ramasse pas,
Ne me ramasse pas Dyer, ne me ramasse pas,
Tous les pigeons autour sont morts,
Et moi tout seul, livré à mon sort,
Ne me ramasse pas Dyer, ne me ramasse pas.

« Et pourquoi ne dois-je pas te ramasser ? » dit Dyer. Il est étonné par cet oiseau mort qui chante encore, il en a peur aussi. « Je ne te ramasserai pas mais je te jetterai au fond de mon sac pour te ramener chez moi. »

Arrivé chez lui cette nuit-là, Dyer met de l'eau à bouillir, y jette le dernier pigeon du monde quelques instants puis se met à le plumer.

Ne me plume pas Dyer, ne me plume pas,
Ne me plume pas Dyer, ne me plume pas,
Tous les pigeons autour sont morts,
Et moi tout seul, livré à mon sort,
Ne me plume pas Dyer, ne me plume pas.

Le chasseur dit :

– Que dis-tu ? Non seulement je vais te plumer mais je vais aussi te couper, te cuire et te manger.

Mais l'oiseau se remet à chanter :

Ne me coupe pas Dyer, ne me coupe pas,
Ne me coupe pas Dyer, ne me coupe pas,
Tous les pigeons autour sont morts,
Et moi tout seul, livré à mon sort,
Ne me coupe pas Dyer, ne me coupe pas.

Il le coupe en morceaux et le jette dans la marmite. Maintenant l'oiseau chante :

Ne me cuis pas Dyer, ne me cuis pas,
Ne me cuis pas Dyer, ne me cuis pas,
Tous les pigeons autour sont morts,
Et moi tout seul, livré à mon sort,
Ne me cuis pas Dyer, ne me cuis pas.

Même coupé en petits morceaux, dans la marmite, l'oiseau chante encore : *« Ne me cuis pas... »*

Enfin le pigeon est cuit, Dyer est sur le point de le manger, quand il se remet à chanter :

Ne me mange pas Dyer, ne me mange pas,
Ne me mange pas Dyer, ne me mange pas,
Tous les pigeons autour sont morts,
Et moi tout seul, livré à mon sort,
Ne me mange pas Dyer, ne me mange pas.

Quand il a fini de manger, Dyer se sent mal ; son ventre est gonflé et grossit à vue d'œil. Il a un besoin urgent de se soulager. Il va aux cabinets, rien. Son état ne s'améliore pas et, au milieu de la nuit, il ne peut plus supporter sa douleur. Il sort dans l'obscurité et essaye de nouveau dehors, rien. Vous savez quand on a un besoin urgent, il faut se soulager. Il essaye vraiment, sans résultat. Il se dirige alors vers la rivière, et au bord de l'eau, il retire son pantalon… et l'oiseau se remet à chanter :

Ne chie pas ici Dyer, ne chie pas ici,
Ne chie pas ici Dyer, ne chie pas ici,
Tous les pigeons autour sont morts,
Et moi tout seul, livré à mon sort,
Ne chie pas ici Dyer, ne chie pas ici.

Il ne comprend pas ce qui lui arrive : « Que se passe-t-il ? Je mange l'oiseau, il continue à chanter et mon ventre va éclater ! » Il va au bord de l'océan et de nouveau, il retire son pantalon quand…

Ne chie pas ici Dyer, ne chie pas ici,
Ne chie pas ici Dyer, ne chie pas ici,
Tous les pigeons autour sont morts,
Et moi tout seul, livré à mon sort,
Ne chie pas ici Dyer, ne chie pas ici.

Il va sur le sable, l'oiseau chante encore, il va dans l'eau jusqu'à perdre pied, l'oiseau chante encore :

Ne chie pas ici Dyer, ne chie pas ici,
Ne chie pas ici Dyer, ne chie pas ici,
Tous les pigeons autour sont morts,
Et moi tout seul, livré à mon sort,
Ne chie pas ici Dyer, ne chie pas ici.

Et une grosse vague l'emporte, le projette sur les rochers et le met en pièces.

Voilà pourquoi, encore aujourd'hui, les gens n'entrent pas dans la mer.

COLLEGE G. CLEMENCEAU
C.D.I.
69007 LYON

Don't Shoot Me, Dyer, Don't Shoot Me,
in Roger D. Abrahams,
Afro-American Folktales,
Pantheon Books, New York, 1985.

BIBLIOGRAPHIE

ABRAHAMS Roger D., *Afro-American Folktales*, Pantheon Books, New York, 1985.

ANDRÈS Pierre, *Les Machines singulières de Pierre Andrès*, Fleurus Idées, 1986.

CÉSAIRE Ina, *Contes de nuits et de jours aux Antilles*, Éditions Caribéennes, 1989.

CLEWS PARSON Elsie, *Folklore of the Antilles, French and English*, Memoirs of the American Folklore Society, volume XXVI, part II, New York, 1936.

DORSON Richard, *Folktales Told Around the World*, The University of Chicago Press, 1975.

HALLWORTH Grace, *Listen to This Story, Tales from the West Indies*, Mammoth, Londres, 1977.

HALLWORTH Grace, *Mermaids & Monsters*, Mammoth Collection, Londres, 1997.

LEE Jacintha A., *Give Me Some More Sens*, Macmillan Caribbean, Londres, 1988.

LUNG-FOU Marie-Thérèse, *Contes créoles*, Éditions Desormeaux, Fort-de-France, 1979.

RUTIL Alain, *Les Belles Paroles d'Albert Gaspard*, Éditions Caribéennes, 1987.

RUTIL Alain, *Contes marie-galantais de Guadeloupe*, Éditions Caribéennes, 1981.

WILBERT Johannes, *Yupa Folktales*, University of California, Los Angeles, 1974.

WOLKSTEIN Diane, *The Magic Orange Tree and other Haitian Folktales*, Alfred A. Knopf, New York, 1978.

Table

COLLEGE G. CLEMENCEAU
C.D.I.
69007 LYON